ANALISI DEL LIBRO

AF131985

Una banda di idioti

· · · · · · · · · · · · · ·

JOHN KENNEDY TOOLE

ANALISI DEL LIBRO

Scritto da Natalia Torres Behar
Tradotto da Sara Rossi

Una banda di idioti

• •

John Kennedy Toole

JOHN KENNEDY TOOLE

ROMANZIERE AMERICANO

- **Nato a New Orleans nel 1937**
- **Morto a Biloxi (Mississippi) nel 1969**
- **Premi letterari:**
    - Premio Pulitzer per la narrativa, 1981 (per *A Confederacy of Dunces*; assegnato postumo)
- **Opere degne di nota:**
    - *Una banda di idioti* (1980), romanzo
    - *La Bibbia al neon* (1989), romanzo

John Kennedy Toole è cresciuto in un ambiente borghese che gli ha offerto poche opportunità di esercitare la sua creatività e che spesso lo ha fatto sentire soffocato. La madre non è stata in grado di aiutarlo a superare questi problemi ed egli ha avuto con lei un rapporto complesso: sebbene fossero molto uniti, la loro relazione era caratterizzata da conflitti e rifiuti. Tuttavia, è stata lei a introdurlo per la prima volta nel mondo dell'arte e della letteratura, iscrivendolo a un corso di teatro comico.

Kennedy Toole frequenta in seguito la Tulane University, per poi studiare inglese alla Columbia University. Insegna anche in diversi corsi universitari ed è abbastanza apprezzato nel mondo accademico. Tuttavia, la sua carriera si interrompe quando viene arruolato nel servizio militare e inviato a Porto Rico, anche se continua a insegnare letteratura inglese durante il suo soggiorno.

Dopo aver completato *A Confederacy of Dunces*, Kennedy Toole sottopone il manoscritto a diversi editori, ma viene sempre rifiutato. Kennedy Toole si sente depresso, paranoico ed escluso dal mondo letterario e decide di viaggiare per gli Stati Uniti. Dopo essere arrivato a Biloxi, nel Mississippi, si suicida collegando una canna al tubo di scappamento della sua auto e inalando il monossido di carbonio.

Un decennio dopo, la madre consegna una copia del manoscritto di *A Confederacy of Dunces* all'editore Walker Percy, come racconta quest'ultimo nella sua prefazione al romanzo:

> *"Ma la signora era insistente e, in qualche modo, si presentò nel mio ufficio porgendomi il pesante manoscritto. Non c'era via di scampo; rimaneva solo una speranza: che potessi leggere qualche pagina e che fosse abbastanza brutta da impedirmi, in coscienza, di leggere oltre.*
>
> *[…]*
>
> *In questo caso ho continuato a leggere. E ancora. Prima con la sensazione che non fosse abbastanza brutto da essere abbandonato, poi con un fremito di interesse, poi con un'eccitazione crescente e infine con l'incredulità: non era possibile che fosse così bello"* (pp. vii-viii).

La madre di Kennedy Toole è quindi colei che alla fine lo catapulta alla fama.

 # I PRIMI SFORZI

Kennedy Toole ha scritto solo un altro romanzo: *La Bibbia al Neon*. È ambientato in una normale cittadina americana durante la Seconda guerra mondiale e ha come protagonista un adolescente solitario che vive con la madre e la zia. Tutti gli uomini della città sono partiti per combattere in guerra e tutte le donne sono andate a lavorare nelle fabbriche. Tutti gli uomini che tornano dalla guerra diventano fanatici religiosi o alcolizzati, e il protagonista cerca di sfuggire a questa vita.

Kennedy Toole arriva a detestare questo romanzo, che considera eccessivamente giovanile, e non tenta mai seriamente di farlo pubblicare. Sebbene *A Confederacy of Dunces* sia ampiamente considerato il suo capolavoro, anche *La Bibbia al Neon* merita il riconoscimento della critica.

UNA BANDA DI IDIOTI

UN RACCONTO SUL VENTRE DELLA SOCIETÀ

- **Genere:** romanzo picaresco

- **Edizione di riferimento:** Kennedy Toole, J. (1987) *A Confederacy of Dunces*. New York: Grove Weidenfeld

- **1°edizione:** 1980

- **Temi:** alienazione, povertà, lavoro, politica

Una banda di idioti è un romanzo affascinante e insolito, così unico per il suo tempo che Walker Percy commentò persino il modo responsabile in cui affrontava le tensioni razziali, evitando gli stereotipi e le posizioni contraddittorie su questi temi che ancora affliggevano il panorama politico del Paese.

Il protagonista del romanzo è Ignatius J. Reilly, un personaggio eccentrico e ostentato che vive a New Orleans. Crede ciecamente nei benefici di una monarchia come sistema di governo e nella filosofia medievale, e si considera quindi un baluardo della moralità. Litiga continuamente con la madre, che lo costringe ad accettare una serie di lavori umili, dove le sue implacabili convinzioni morali lo portano a influenzare, infastidire e disprezzare i suoi datori di lavoro e colleghi.

Alla fine, il ciclo di scontri che ha caratterizzato la vita di Ignazio diventa insostenibile e ciò ha un effetto marcato sia sul suo aspetto fisico che sulle sue convinzioni.

SINTESI

UNA FESTA DECADENTE A NEW ORLEANS

Ignatius J. Reilly sta aspettando pazientemente che la madre finisca di fare la spesa quando un poliziotto di nome Angelo Mancuso inizia improvvisamente a interrogarlo, perché il buffo berretto da caccia, i ridicoli baffi e l'enorme obesità di Ignatius lo fanno sembrare un personaggio sospetto. Ignazio viene salvato da Claude Robichaux, un anziano ossessionato dal comunismo, che pensa che il poliziotto stia infastidendo Ignazio e lo aggredisce. Pochi istanti dopo arriva Irene, la madre di Ignazio, e i due si allontanano mentre Mancuso arresta Robichaux.

I Reilly finiscono in uno strip club chiamato Night of Joy. Fanno conoscenza con Darlene, una delle cameriere che lavora lì, e con il suo tirannico capo Lana Lee, e chiacchierano con entrambe le donne. Tuttavia, la presenza di Ignatius mette a disagio gli altri clienti del locale, poiché continua a ruttare e a emanare un cattivo odore.

Dopo aver lasciato il bar, Ignazio e Irene cercano la loro auto in mezzo al trambusto di New Orleans, dove le strade soffocanti sono piene di ubriachi e festaioli in costume. Trovano l'auto e Irene si mette al posto di guida, ma ha bevuto troppo e si schianta davanti a un edificio. Il proprietario esce per urlare contro i Reilly, ma Mancuso arriva sul posto e riesce a disinnescare la situazione prima che peggiori. Tuttavia, dice loro che dovranno pagare i danni al proprietario.

A Confederacy of Dunces è stato lodato non solo per i suoi tocchi comici; è anche ampiamente considerato come una panoramica eccezionalmente completa di tutti i gruppi sociali che vivono a New Orleans e dei loro modi di parlare unici, dal momento che i personaggi del romanzo includono poliziotti, operai, prostitute e persone provenienti dalle comunità nere, italiane, irlandesi e latine della città, tra gli altri. L'epigrafe del romanzo afferma addirittura che New Orleans ha più in comune con le città costiere del Mediterraneo che con città come New York. Pur non essendo l'argomento principale del romanzo, il carattere cosmopolita e multiculturale della città vi svolge comunque un ruolo secondario importante.

IL SANTO PATRONO DELLE CAUSE PERSE

Ora che la famiglia è gravata da un grosso debito, Irene dice al figlio che dovrà trovarsi un lavoro. Ignazio inizialmente rifiuta, ritenendo di essere più adatto alla spiritualità, all'intellettualità, alla scrittura e alla televisione che a un lavoro normale, ma alla fine accetta e inizia a cercare lavoro. Ottiene un lavoro presso la Levy Pants, un'azienda che produce jeans. Ignatius si occupa della gestione degli archivi aziendali, ma intraprende anche una crociata etica per migliorare il funzionamento dell'azienda. L'azienda è gestita principalmente da Gonzalez, un mediocre ma puntuale capoufficio, e da Miss Trixie, un'eccentrica segretaria, mentre il proprietario è quasi del tutto estraneo. Ignatius cerca di convincere gli operai neri a protestare contro il capo, il signor Levy, e alla fine li convince esibendosi in una ridicola danza davanti a loro. Inoltre, invia una lettera piena di insulti a uno dei fornitori dell'azienda e falsifica la firma del signor Levy in calce alla stessa. Nel frattempo, gli operai vengono a sapere che Ignatius ha avuto a che fare con la polizia e perdono fiducia in lui, per cui la protesta viene annullata. Ignatius viene licenziato poco dopo.

A questo punto, il lettore viene a sapere che Ignazio ha avuto una strana relazione con un'ebrea di sinistra, Myrna Minkoff, mentre era all'università. Paradossalmente, la loro relazione è stata alimentata dalle loro visioni del mondo totalmente antitetiche, ma alla fine è terminata: Myrna è ora un'attivista e vive a New York, mentre Ignatius vive ancora con la madre e sta diventando sempre più solitario. Ignatius vuole provocare Myrna e le invia delle lettere in cui le dice che sta guidando una protesta di lavoratori.

LA RUOTA DELLA FORTUNA

I superiori di Mancuso lo rimproverano dopo l'arresto di Robichaux e gli ordinano di vestirsi con costumi ridicoli (come Babbo Natale) e di girare per la città per attirare e catturare i delinquenti. In seguito all'incidente, Irene diventa amica del poliziotto e di sua zia, Santa Battaglia. Ignazio ritiene che questa relazione sia tossica, perché quando escono insieme a giocare a bowling finiscono per bere pesantemente e rimanere fuori fino alle prime ore del mattino. Inoltre, Santa disapprova Ignazio perché ritiene che si approfitti di Irene.

Tuttavia, quando la madre gli chiede di prestare al poliziotto una copia del suo libro preferito, Ignazio accetta. Il libro in questione è *La consolazione della filosofia* di Boezio (filosofo romano, 480-524 circa) e tratta della convinzione dell'autore che il mondo sia contro di lui.

 ## UN UOMO MEDIEVALE

La filosofia personale di Ignazio si basa interamente su un complesso sistema di pensiero medievale e attinge in modo particolare agli scritti di Boezio. Di conseguenza, l'immagine medievale per eccellenza della Ruota della Fortuna compare frequentemente nel libro ed è rappresentata come una forza potente che gira inesorabilmente verso l'alto mentre gli uomini sono lasciati in balia dei suoi capricci.

Fig. 1 – La ruota della fortuna

Un giovane nero di nome Jones viene rilasciato dal carcere e inizia a lavorare alla Notte della Gioia. Sebbene ritenga di essere sottopagato per il suo lavoro di addetto alle pulizie, sente di non avere altra scelta se non quella di mantenere il lavoro, poiché viene minacciato dalla polizia. Jones decide di sabotare l'attività per vendetta e inizia a tenere sotto controllo l'andirivieni del bar. Ben presto si rende conto che Lana Lee, la proprietaria, è coinvolta in affari loschi: la vede consegnare dei pacchi dall'aspetto sospetto a un uomo di nome Gus e, sebbene lei dica che è per aiutare gli orfani, Jones non le crede. Gus incontra Mancuso in una stazione ferroviaria e gli ruba *La consolazione della filosofia*.

PIRATI E HOT DOG

Dopo aver perso il lavoro da Levy Pants, Ignatius viene nuovamente criticato dalla madre e ricomincia a cercare lavoro. Trova un altro lavoro, vendendo hot dog da un carretto per una società chiamata Paradise Vendors, che gli impone di vestirsi da pirata, con tanto di spada di plastica, fazzoletto rosso e orecchini d'oro. La Ruota della Fortuna gira e Ignazio inizia a ingrassare perché mangia tutti gli hot dog, poi il suo supervisore lo accusa di essere poco igienico a causa della sua abitudine di accarezzare i gatti mentre lavora. Alla fine il supervisore gli concede un'altra possibilità, ma dice a Ignatius che d'ora in poi dovrà lavorare nel quartiere a luci rosse della città. Gus, l'uomo con cui Lana Lee fa affari, osserva che il carrello di Ignazio sarebbe perfetto per contenere i loro pacchi. Ignazio accetta di trasportare i pacchi, ma esige un pagamento e si commuove quando vede che Gus ha una copia de *La consolazione della filosofia* (che in realtà è la sua copia del libro che Gus ha rubato). In quel momento, uno dei pacchi si rompe, rivelando che Gus è un venditore di pornografia. Ignazio si innamora di una delle donne ritratte nelle fotografie, che ha l'aspetto di una professoressa universitaria costretta a spogliarsi. Ignazio chiede a Gus di presentargli la professoressa e Gus dice che lavora alla Notte della Gioia. Ignazio giura immediatamente che la salverà dall'inferno amorale in cui vive.

UN ULTIMO GIRO DI RUOTA

In seguito, Ignazio si convince di poter provocare Myrna fondando un partito politico composto esclusivamente da uomini e donne gay e vincendo le prossime elezioni. Myrna, però, dà per scontato che anche Ignazio sia gay, e il comizio politico è un disastro perché i partecipanti pensano che sia solo una festa e buttano fuori Ignazio.

Ignatius si dirige verso la Notte della Gioia e viene seguito da un misterioso uomo con il cappello, anch'egli presente alla manifestazione. Jones, che ora lavora sia come portiere che come attore, lo fa entrare, anche se Lana Lee è sospettosa. Ignatius si accorge con disappunto che l'attrice in scena non è la donna che sperava di vedere, ma Darlene. Lo spettacolo si interrompe bruscamente quando un uccello esotico si impiglia nell'orecchino d'oro di Ignatius, che si spaventa a tal punto da perdere il controllo, rovesciare i tavoli, precipitare fuori dall'edificio e venire investito da un autobus. In quel momento si scopre che l'uomo col cappello è Mancuso. Jones capisce che questa è la sua occasione per vendicarsi e dice a Mancuso di guardare nel vano del carretto degli hot dog dove è nascosto il materiale pornografico.

RINASCITA

Ignatius si riprende dall'incidente e scopre di essere diventato piuttosto famoso, cosa che sua madre trova estremamente imbarazzante; una foto di Ignatius sdraiato a gambe divaricate sul marciapiede è persino apparsa su diversi giornali. Nello stesso periodo viene scoperta la lettera che Ignatius ha scritto al fornitore di Levy Pants, il quale fa causa all'azienda per mezzo milione di dollari. Il signor Levy è sicuro che sia stato Ignatius a scrivere la lettera e lo accusa apertamente di averlo fatto, ma con sua grande sorpresa Ignatius mente e dice che in realtà è stata la signorina Trixie, mezza matta, a spedirla. L'anziana donna è così confusa che non nega l'accusa. Pur sapendo che questa storia è falsa, il signor Levy si rende conto che la cosa andrà a vantaggio di tutte le parti coinvolte, poiché permetterà alla signorina Trixie di realizzare il suo sogno di andare in pensione, mentre il debito sarà comunque cancellato e non verrà fatto alcun male a Ignatius.

Irene è stanca e preoccupata per il figlio e vuole internare Ignazio in un manicomio. Lui, però, capisce cosa ha in mente e inizia a pianificare la fuga. Fortunatamente, Myrna arriva proprio in quel momento, avendo avuto la premonizione che tutto sta andando male. Ignazio sale sull'auto di Myrna e partono proprio mentre arriva l'ambulanza del manicomio. Ignazio si sente soddisfatto.

STUDIO DEL CARATTERE

A Confederacy of Dunces riunisce un affascinante cast di personaggi che possono essere meglio descritti come antieroi, che abitano in appartamenti squallidi e passano il loro tempo aggirandosi per le strade di New Orleans. Questi strani personaggi assomigliano poco ai tradizionali protagonisti della letteratura: non sono eroi belli e intelligenti, ma la feccia della società.

IGNAZIO J. REILLY

Ignazio è un uomo enorme che si fa notare immediatamente ovunque vada:

> "Un berretto da caccia verde schiacciava la sommità del pallone carnoso di una testa. I padiglioni auricolari verdi, pieni di grandi orecchie e di capelli non tagliati e di sottili setole che crescevano nelle orecchie stesse, sporgevano da entrambi i lati come segnali di svolta che indicano due direzioni contemporaneamente. Le labbra piene e arcuate sporgevano sotto i baffi neri e folti e, agli angoli, affondavano in piccole pieghe piene di disapprovazione e di briciole di patatine" (p. 1).

Ignazio sfugge a qualsiasi descrizione. È un Don Chisciotte postmoderno, un eroe ottuso la cui fede e il cui impegno verso i suoi stravaganti ideali sono assoluti, un fornitore del ridicolo con un talento per la danza e il travestimento, un tremendo goloso con un'arguzia tagliente, un amico degli emarginati e un nemico della modernità. In un certo senso, incarna il meglio e il peggio della vita del XX secolo: legge trattati teologici e guarda il programma televisivo L'orso Yogi con la stessa fervida attenzione; è ugualmente capace di organizzare scioperi per i lavoratori neri e di denunciare la decadenza morale dell'epoca in cui vive. La sua personalità è piena di contraddizioni e il caotico funzionamento della sua mente è contemporaneamente terrificante e affascinante. Le uniche cose di cui possiamo essere certi sono che rutta continuamente e che è contro il fascismo: non è l'eroe che ci meritiamo, ma l'eroe di cui abbiamo bisogno.

IRENE REILLY

Essere la madre di Ignazio non è un compito facile e ha lasciato Irene disillusa e fatalista. Implora costantemente Ignazio di cambiare atteggiamento ed è praticamente ossessionata dal suo benessere, anche se lui la maltratta. A prima vista, Irene sembra una tipica casalinga, ma in realtà la morte del marito e la paura di ciò che gli altri pensano di lei l'hanno resa un guscio di se stessa. È una persona solitaria e custodisce gelosamente le sue poche amicizie. Sebbene lei e Ignatius siano molto uniti, la loro relazione è chiaramente tossica per entrambi.

MYRNA MINKOFF

Per la maggior parte del romanzo, conosciamo Myrna solo attraverso le lettere emotive che lei scrive a Ignazio, pregandolo di scegliere uno stile di vita più libero e di liberarsi dalla città di provincia in cui vive e dalla sua relazione con Irene. Dato che il romanzo è stato scritto durante i primi giorni del movimento hippie, il personaggio di Myrna potrebbe essere interpretato come l'incarnazione di tutte le influenze dell'epoca e della forza di una serie di movimenti disparati della metà del secolo, tra cui il movimento per i diritti civili, la psicoanalisi e l'economia di sinistra.

Myrna è ebrea e molto libera, e fa da contrappunto a Ignatius. Le sue convinzioni reazionarie e la sua ossessione per l'etica contrastano con il liberalismo di Myrna, che le ha permesso di ricominciare da capo a New York, circondata da beatnik e studenti di tutto il mondo, e di trovare la felicità. Tuttavia, i due personaggi si completano a vicenda, perché sono entrambi rivoluzionari di fuoco che disprezzano soprattutto la stupidità e la mediocrità della società in cui vivono.

BURMA JONES

Burma Jones rappresenta i reietti e i membri più poveri della società di New Orleans. È vittima della brutalità della polizia e passa il tempo ad affogare i suoi dispiaceri nei bar più malfamati della città. Come molte delle persone più svantaggiate della società, Jones è gravemente sottopagato e sta ancora peggio di molti altri a causa dell'oppressione a più livelli che deve affrontare: mentre anche i bianchi poveri soffrono nel corso del libro, in quanto nero, le opzioni di Jones sono limitate al lavoro in condizioni terribili o al carcere. Il suo personaggio si distingue anche per il dialetto che parla, tipico degli abitanti di New Orleans.

MANCUSO

Nessuno dei personaggi di *Una banda di idioti* è immune dalle difficoltà, nemmeno i membri della polizia. Mancuso è un comune agente di pattuglia che viene costantemente ridicolizzato dai suoi superiori, che lo costringono a vestirsi con costumi ridicoli per catturare i delinquenti, riducendolo a nient'altro che un'altra delle stranezze della città. È dedito al suo lavoro, ma non è eccessivamente brillante, e quindi si inserisce perfettamente nelle orde di sciocchi che popolano la società.

DARLENE

Darlene sogna di diventare una ballerina esotica, ma il suo attuale lavoro non è più eccitante di quello di cameriera. È di buon cuore, ma viene costantemente sminuita dalla sua datrice di lavoro, Lana Lee. È un personaggio insolito, perché sogna di diventare una lavoratrice del sesso oggetto di continue attenzioni maschili, ma questo sogno non si realizza mai. Come gli altri personaggi, Darlene è profondamente infelice perché è stata rifiutata dalla società, perché vuole essere desiderata ma non lo è da nessuno.

ANALISI

FORMA

Un romanzo picaresco

A Confederacy of Dunces è narrato da un narratore distaccato in terza persona che non si lascia coinvolgere troppo dai personaggi. Il tono distante del narratore fornisce al lettore una visione obiettiva della strana realtà in cui vivono i personaggi, e l'asciuttezza di questo tono serve ad accentuare i tocchi umoristici del romanzo. Ad esempio, la battaglia tra Ignatius e il suo supervisore al Paradise Vendors e il ridicolo balletto che esegue davanti ai lavoratori neri del Levy Pants sono entrambi descritti con assoluta indifferenza.

Questi episodi permettono di classificare il libro come romanzo picaresco, strettamente associato alla letteratura di lingua spagnola. Il genere della narrativa picaresca è emerso in risposta alla letteratura seria e di alto livello che predominava durante il Rinascimento, e di solito presenta personaggi provenienti dalle classi più basse della società che riescono a truffare i loro datori di lavoro. In effetti, il luogo di lavoro è un'ambientazione comune per le storie picaresche. Inoltre, tende a incorporare una grande quantità di umorismo legato alle funzioni corporee: i personaggi scoreggiano, vomitano, mangiano, cadono, si azzuffano e ruttano continuamente. Questo tipo di umorismo è ancora oggi popolare in una serie di film e programmi televisivi comici.

La letteratura picaresca è spesso considerata volgare, ma in realtà svolge un ruolo fondamentale nel mettere in luce la gente comune, spesso dimenticata o messa in disparte, e nel rappresentare le gerarchie sociali in modo molto originale. I romanzi picareschi, infatti, possono essere interpretati come una critica all'elitarismo e all'iniqua distribuzione del potere politico ed economico.

Anche *A Confederacy of Dunces* presenta questa struttura e questo tono: si concentra sui personaggi che occupano le posizioni più basse della società e mostra che queste persone sono private di qualsiasi opportunità di mobilità sociale. Ad esempio, nessuno degli sforzi politici di Ignatius ha successo e anche quando i personaggi ottengono piccole vittorie, le loro vite non cambiano: sono ancora senza soldi e non riescono a liberarsi dal sistema di classe che li calpesta.

In altre parole, il romanzo mescola senza soluzione di continuità commedia e tragedia. Sebbene i personaggi siano divertenti e le loro funzioni corporee siano usate come battuta per molte battute del romanzo, le loro storie finiscono tragicamente. Nella commedia pura, che è un genere che risale all'antichità, il personaggio principale ha tradizionalmente un lieto fine. Tuttavia, questo non è necessariamente il caso della narrativa picaresca, che di solito chiude il cerchio e termina con i personaggi ancora intrappolati nelle loro vite miserabili.

Una narrazione a più livelli

La struttura generale di *Una banda di idioti* è abbastanza simile a quella de *La consolazione della filosofia*. Entrambi i libri contengono capitoli divisi in sottocapitoli e seguono una serie di trame diverse che alla fine convergono per creare un finale che tiene il lettore con il fiato sospeso. Ad esempio, alcuni capitoli si concentrano esclusivamente su Jones e sulle sue ingiuste condizioni di lavoro, mentre altri su Darlene e i suoi sogni. Questo dà forma al mondo in cui vivono i personaggi, fornendo una serie di prospettive complementari.

Tuttavia, la nostra comprensione dei personaggi del romanzo e delle loro azioni è anche plasmata dagli altri testi disseminati nel romanzo. La storia non è raccontata solo attraverso la voce distaccata del narratore, ma anche attraverso le lettere scambiate da Ignazio e Myrna, che forniscono al lettore ulteriori approfondimenti sulla loro relazione e sulle loro convinzioni individuali, oltre a permetterci di saperne di più sulle attività politiche di Myrna e sul tipo di conversazioni che la coppia era solita tenere.

A Confederacy of Dunces include anche frammenti del romanzo che Ignatius sta scrivendo, intitolato *The Journal of a Working Boy (Il diario di un lavoratore)* e che consiste per lo più in osservazioni incendiarie sulla società in cui vive. Si tratta sia di un libro umoristico che descrive le assurdità del mondo del lavoro, sia di una riflessione sul modo in cui funziona la mente di Ignazio, che permette al lettore di esplorare la sua visione del mondo. Questa *mise en abyme* (una storia che viene raccontata nel contesto di una narrazione più ampia e che riflette elementi della sua trama) potrebbe quindi essere descritta come il centro nevralgico del romanzo.

Inoltre, nel romanzo sono inclusi anche brani tratti da *La consolazione della filosofia* e da altri libri classici, che ci danno un'idea dei gusti letterari di Ignazio. Ignazio discute anche (e spesso ridicolizza) una serie di film e spettacoli televisivi popolari all'epoca, un'altra tecnica strutturale che permette al lettore di comprendere il suo mondo interiore etico e medievale. Questo romanzo va oltre la semplice descrizione delle azioni del personaggio e permette al lettore di immergersi nella sua ideologia e nel suo modo di pensare.

TEMI

Alienazione e povertà

Le ambientazioni di *A Confederacy of Dunces* tendono a essere claustrofobiche e ingombre di cianfrusaglie, che di solito sono rifiuti provenienti da un mondo diverso in cui i personaggi non hanno mai messo piede:

> *"L'appartamento della signorina Trixie era arredato con rottami, cianfrusaglie, pezzi di metallo, scatole di cartone. Da qualche parte sotto tutto questo c'erano dei mobili. La superficie, tuttavia, il terreno visibile, era un paesaggio di vecchi vestiti, casse e giornali. C'era un passaggio al centro della montagna, una radura tra i rifiuti, uno stretto corridoio di pavimento sgombro […]" (p. 371).*

I personaggi di questo romanzo non si limitano a vivere in povertà: la accumulano. I loro beni sono privi di valore e non possono essere scambiati con niente di meglio. Qualunque cosa facciano questi personaggi, sono sconfitti: la maggior parte di loro è disoccupata, e quelli che hanno un lavoro lavorano in condizioni spaventose per salari miseri. La città sembra essere infestata dalla miseria e nessuno può sfuggire all'inesorabile decadenza.

La povertà in cui vivono i personaggi è accompagnata dall'alienazione. La maggior parte dei personaggi è caduta nelle grinfie dell'alcol, della televisione, dei film o di lavori sottopagati, e conduce una vita solitaria nelle sue squallide stanze o nei suoi appartamenti, senza poter parlare con nessuno, e le poche conversazioni che hanno si trasformano rapidamente in battibecchi. In effetti, l'unica vera comunicazione con gli altri avviene attraverso la tecnologia, come telefoni, televisioni e schermi cinematografici.

Lavoro

Ignatius si rifiuta di lavorare finché la madre non lo costringe a farlo, e anche allora si chiede perché non possa semplicemente sedersi e scrivere per ore e ore. Gli unici lavori che riesce a trovare hanno stipendi miseri e il lavoro è ripetitivo come la morte. In realtà, il romanzo rifiuta l'idea che il lavoro possa mai essere pulito, equo o mentalmente stimolante; al contrario, il lavoro è presentato come nient'altro che una trappola in cui siamo costretti dai nostri genitori, dai nostri capi e dalla legge.

Inoltre, nessuno dei personaggi è in grado di usare il lavoro come mezzo di evasione o di manovra per raggiungere una posizione più privilegiata: l'unica cosa che il lavoro offre loro è un mezzo di sopravvivenza. Ignatius guadagna solo pochi dollari al giorno e Jones deve accontentarsi di fare le pulizie nel suo quartiere, non potendo sfuggire ai confini della città.

Non c'è scampo nemmeno nelle proteste o nell'adesione a partiti politici. Quando Ignazio cerca di organizzare uno sciopero per gli operai della fabbrica, non ottiene nulla se non il proprio licenziamento e il ridicolo. Si rende conto che organizzare la miseria non porta a nulla, perché non si può fare altro dopo che tutti i dipendenti sono già stati licenziati.

Il romanzo illustra anche le difficoltà di intraprendere una carriera letteraria, dato che Ignatius non guadagna mai nulla con i suoi intelligenti manoscritti. Allo stesso modo, Darlene non guadagna mai come spogliarellista, dimostrando che né l'intelligenza né la prestanza fisica vengono premiate nelle strade buie di New Orleans.

Politica

L'aspetto più idiosincratico della mentalità di Ignazio è la sua visione politica. Come le sue opinioni religiose – è un cattolico devoto che odia il Papa – le sue opinioni politiche sono un'accozzaglia di posizioni contraddittorie. Spesso afferma che il suo sistema di governo preferito è la monarchia, ma in altre occasioni sembra essere fermamente di sinistra e, invece di desiderare un ritorno al feudalesimo che di solito è associato alla monarchia, sostiene i movimenti sindacali organizzati dalla popolazione nera di New Orleans. Allo stesso modo, invece di seguire strettamente la dottrina della Chiesa cattolica, cerca di fondare un partito politico per gay e lesbiche.

Ignatius fa di tutto per essere provocatorio – si allinea persino con Myrna, che è estremamente liberale, per poter diffondere più facilmente le sue idee reazionarie. Il suo credo politico è soprattutto anti-establishment: vuole distruggere l'ingiustizia, la corruzione e l'idiozia su cui si fonda la società moderna. La maggior parte della sua ideologia si basa sull'idea che la società sia diventata un covo di consumismo e che, di conseguenza, le persone abbiano smesso di preoccuparsi di coltivare l'arguzia e l'intelligenza.

ULTERIORI RIFLESSIONI

ALCUNE DOMANDE SU CUI RIFLETTERE...

- Qual è il significato dei costumi in *A Confederacy of Dunces*?

- Scrivete un riassunto de *Il diario di un operaio*.

- Se doveste intervistare Ignazio, quali domande gli fareste?

- Dato che spesso sono stati fatti paragoni tra Ignazio e Don Chisciotte, quale personaggio di *Una banda di idioti* potrebbe essere paragonato a Sancho Panza?

- Dato che Ignazio è così critico nei confronti della modernità, perché pensate che guardi così tanto la televisione?

ULTERIORI LETTURE

EDIZIONE DI RIFERIMENTO

Kennedy Toole, J. (1987) *A Confederacy of Dunces*. New York: Grove Weidenfeld.

STUDI DI RIFERIMENTO

Echavarría, M. F. (2009) Las enfermedades mentales según Tomás de Aquino. Sobre las enfermedades (mentales) en sentido estricto. *Università CEU Abat Oliba*. [Online]. [Accessed 15 March 2018]. Disponibile da: <http://bdigital.uncu.edu.ar/objetos_digitales/3793/03-echavarria-scripta-v3-n1.pdf>

García, A. (2015) Le incognite de "La conjura de los necios", svelate. *El País*. [Online]. [Accessed 15 March 2018]. Available from: <http://elpais.com/elpais/2015/07/13/tentaciones/1436779957_391981.html>

Marx, K. (2007) *Manoscritti economici e filosofici del 1844*. Trans. Milligan, M. New York: Dover.

LETTURA CONSIGLIATA

Boezio, A. (2003) *La consolazione della filosofia*. Trans. Watts, V. London: Penguin.

Vogliamo sapere da voi!
Lasciate un commento sulla vostra biblioteca online
e condividete i vostri libri preferiti sui social media!

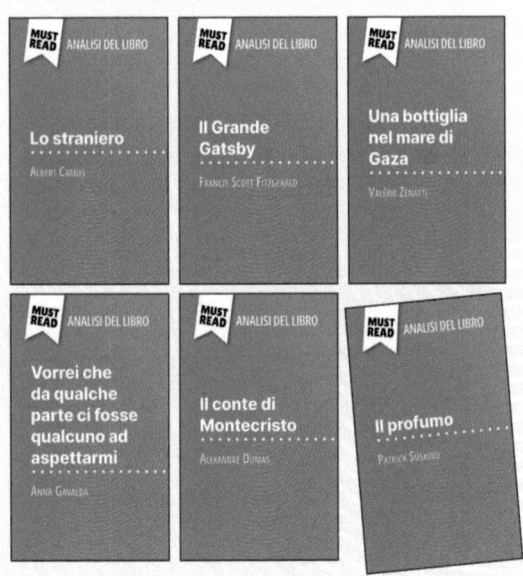

www.50minutes.com

Master ISBN: 9782808690416
ISBN cartaceo: 9782808611817
Deposito legale: D/2023/12603/1461

Copertura: © Primento

Concezione digitale a cura di Primento, il partner digitale degli editori.